Conservación de la masa

Jenna Winterberg

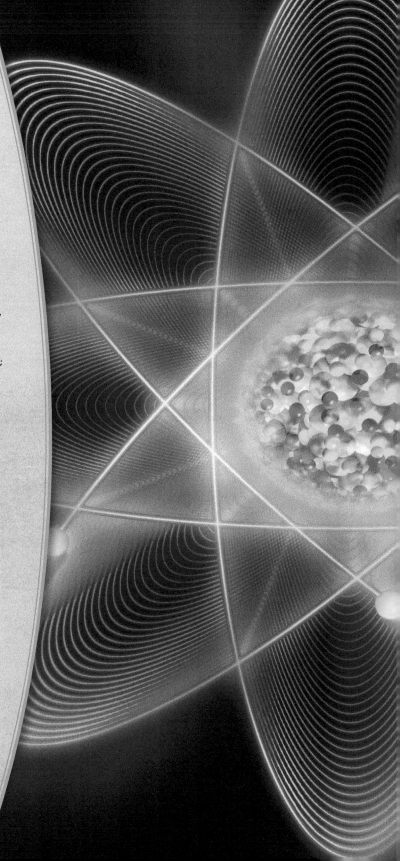

Asesor

Brent Tanner
Ingeniero mecánico

Créditos de publicación

Rachelle Cracchiolo, M.S.Ed., *Editora comercial*
Conni Medina, M.A.Ed., *Gerente editorial*
Diana Kenney, M.A.Ed., NBCT, *Editora principal*
Dona Herweck Rice, *Realizadora de la serie*
Robin Erickson, *Diseñadora de multimedia*
Timothy Bradley, *Ilustrador*

Créditos de las imágenes: pág.2 Mike Agliolo/
Science Source; pág.4 Science Photo Library/
Alamy; pág.6 iStock; pág.7 ESA/NASA/SOHO;
págs.8-9 iStock; pág.10 Charles D. Winters/
Science Source; pág.13 Photo Researchers, Inc.;
págs.15-16 iStock págs.16-17 (fondo) iStock,
(molécula) SPL/ Science Source; págs.17-18
iStock; pág.19 Bill Sanderson/Science Source;
págs.20-21 Science Source; pág.22 Martyn F.
Chillmaid/Science Source; pág.23 © Pictorial
Press Ltd/Alamy; pág.24 Royal Astronomical
Society/Science Source; pág.25 © National
Geographic Image Collection/Alamy; págs.28-
29 (ilustraciones) Timothy Bradley; págs.31-
32 iStock; las demás imágenes cortesia de
Shutterstock.

Teacher Created Materials
5301 Oceanus Drive
Huntington Beach, CA 92649-1030
http://www.tcmpub.com
ISBN 978-1-4258-4716-6

Contenido

Crear algo de la nada

Es hora del almuerzo y tienes muchísima hambre. Recuerdas con intensidad el almuerzo delicioso que dejaste en el refrigerador esta mañana. Entonces, cuentas el dinero que te queda en el bolsillo: no es suficiente para comprar un almuerzo en la cafetería. Tus padres están en el trabajo y tus amigos no tienen dinero para prestarte. Así que, sin más opciones, creas una comida de la nada.

¡Si tan solo fueras un mago! En realidad, no es posible crear algo con solo desearlo. No se puede convertir nada en algo. Y tampoco se puede convertir algo en nada. Piensa en ese objeto roto que con desesperación quieres ocultar de tu madre, por ejemplo. Se puede esconder bajo la alfombra, pero es imposible hacer que desaparezca.

¿Qué es la materia?

Los **átomos**, las piezas más pequeñas de la materia, constituyen todo lo que nos rodea. Es inusual encontrar átomos aislados. Más bien, se enlazan con otros átomos creando **moléculas**: grupos de dos o más átomos.

Con la materia ocurre lo mismo. La materia no puede ser ni creada ni destruida. La materia son todas las cosas que constituyen el universo: sólidos, líquidos y gases. Es el aire que se respira, la ropa que se viste y hasta el propio cuerpo. Si no está presente, no se puede crear. Y si lo está, no es posible deshacerse de ella. Es la ley, específicamente, la ley de conservación de la masa.

La ley más importante de la química moderna es la ley de conservación de la masa.

La ley de conservación de la masa a veces se denomina *ley de conservación de la materia*. La masa mide la cantidad de materia que algo contiene. La primera parte de la ley, que establece que no se puede crear materia o masa, es bastante clara. Es lo que hace a las lámparas mágicas tan especiales: haría falta un genio para que aparezcan cosas de la nada.

La segunda parte, que establece que no podemos destruir la materia, es más compleja. Supongamos que escribiste un secreto en un trozo de papel. Para evitar que lo lean podrías romperlo en pedacitos. Así sería más difícil de leer. Pero esas pequeñas partes podrían volver a unirse. La misma cantidad de papel sigue allí, solo que en pedacitos y no como una hoja completa.

Entonces, ¿por qué no tiras el papel a la chimenea la próxima vez que tus padres la enciendan en vez de romperlo? Es probable que el papel quede reducido a cenizas. Tu secreto estaría seguro. Nadie podría volver a pegar la hoja, después de todo. Sin embargo, seguirías teniendo la misma cantidad de materia.

0.83 libras

5 libras

Masa versus peso

La masa de un objeto es la misma en la Tierra y en la Luna. La masa es constante, a menos de que viajes a la velocidad de la luz. Pero la masa es diferente del peso. El peso mide la fuerza que la gravedad ejerce sobre un objeto. El peso de un objeto sería inferior en la Luna que en la Tierra.

¡No olvides el plasma!

Aunque veas los sólidos, líquidos y gases todos los días, no deberías olvidar el cuarto estado de la materia: ¡el plasma! El plasma se encuentra, en su mayoría, en las estrellas. Es una sustancia similar a un gas, pero tiene temperaturas extremadamente altas y puede conducir la electricidad.

Aunque el plasma no es común en la Tierra, constituye el 99 % de la materia visible en el universo.

Cambios físicos

Rasgar el papel es un ejemplo de un **cambio físico**. Un cambio físico afecta la manera en que algo se ve: el tamaño, la forma o el color. Su apariencia cambia pero su constitución es la misma. Arrugar papel, romper vidrio o exprimir una naranja. Los objetos se ven diferentes, pero las acciones no crean algo nuevo ni algo diferente. El cambio es físico. La química del objeto no se altera.

En ocasiones, mezclar cosas dará como resultado un cambio físico. Mezcla canela y azúcar. Se vuelven difíciles de separar, pero no se ha creado una nueva sustancia. Este es un ejemplo de una mezcla.

Ahora, agrega azúcar al agua. El azúcar se disuelve en el agua y conforma una solución. Pero las **propiedades** del azúcar y del agua no cambian. La constitución de cada sustancia es la misma de antes. El cambio es físico.

Los cambios en los estados de la materia también son cambios físicos. El estado sólido, líquido o gaseoso no altera las propiedades de la sustancia. Cuando el agua se convierte en hielo, sigue siendo agua. El agua congelada no cambia su composición química.

Cambios de estado

Sella tres cubos de hielo en una bolsa con cierre y pesa los cubos. Luego, déjalos en la bolsa hasta que se derritan. Vuelve a pesar la bolsa. No habrá cambios porque la masa siempre es la misma, sin importar su estado.

La misma química

Estas son algunas formas de realizar un cambio físico:

- calentar
- hervir
- secar
- triturar
- mezclar
- evaporar
- congelar
- separar
- destilar

Cambios químicos

Al igual que en el caso de los cambios físicos, los **cambios químicos** pueden alterar la apariencia de las cosas. Pero en este caso, no es solo el tamaño, la forma o el color lo que cambia. Un cambio químico afecta la constitución de una cosa.

Un cambio químico da como resultado algo nuevo. Lo nuevo es un **producto**. Es diferente de la sustancia original, o el **reactivo**. El nuevo producto puede parecerse mucho al elemento original. Un huevo hervido se parece a un huevo crudo. Sin embargo, es el producto de una reacción química. La cocción cambia las propiedades químicas del huevo. Cuando las manzanas se pudren, se convierten en vinagre. Es un cambio químico. Hay semejanzas entre las manzanas y el vinagre. Pero cada sustancia tiene su constitución propia.

Detectar un cambio

Observar un cambio químico puede ser difícil. Pero puedes buscar estas señales:

- burbujas/efervescencia
- cambios en el color
- humo
- calor
- luz

Fruta vieja

Cuando cortas una fruta y la dejas un par de días, comienza a ponerse marrón. Si la olvidas el tiempo suficiente, hasta verás que le crece moho. Ambas son reacciones químicas.

El nuevo producto también puede parecer muy diferente. Volvamos al papel quemado. El fuego convirtió el papel en cenizas. No solo se ve diferente, *es* diferente a nivel molecular. Su constitución química ha cambiado.

Todos estos productos son diferentes a nivel molecular. En otras palabras, las moléculas tienen una nueva configuración. Los materiales de construcción básicos de la sustancia han cambiado.

Los cambios químicos no se pueden revertir.

En un cambio físico podemos medir el **volumen** o pesar algo antes y después del cambio. Es fácil demostrar que la cantidad de materia quedó igual.

En el caso de un cambio químico, la materia puede tomar una nueva forma. Por ejemplo, el volumen y el peso de la ceniza no serán los mismos que los del papel antes de que se quemara. De todos modos, la ley de conservación de la masa nos indica que no hubo pérdida de materia. ¿Entonces qué pasó?

La chimenea no es lugar para realizar un experimento científico. La ceniza vuela por todos lados. El humo sale por la chimenea. Nada está contenido ni controlado. Si quemáramos el papel en un recipiente sellado, podríamos contener nuestro experimento. Es algo imposible de hacer, pero hagamos de cuenta que podemos. El papel y el oxígeno en el recipiente producirían agua, dióxido de carbono y cenizas al quemarse. Las cenizas no tendrían la misma masa que el trozo de papel original. Pero el total de los productos sí tienen la misma masa que el papel y el oxígeno. La materia no se pierde, solo cambia.

Si pudieras encender fuego en un recipiente sellado no ardería mucho tiempo. El fuego necesita el oxígeno como combustible.

Observar la evidencia

Esta imagen, ¿muestra un cambio químico o uno físico? Escribe una lista de palabras para describir lo que ves.

Sistemas

La masa siempre se conserva en un **sistema**, un grupo de partes que trabajan en conjunto. Existen muchos tipos de sistemas. Un sistema puede ser tan pequeño como una célula o tan grande como el universo. Una pecera es un sistema. Un bosque es un sistema. Un teléfono celular es un sistema. Al estudiar cómo se conserva la masa dentro de un sistema, es importante definir las partes del mismo. Entonces, puedes estudiar las partes por separado. Puede ser difícil estudiar un sistema sin que su **entorno** se interponga.

La mejor manera de ver cómo se conserva la masa es aislar un sistema. Significa observarla separada de su entorno. De esta manera, nada puede escapar, como el humo que se va por la chimenea. Ahora, consideremos cómo se conserva la masa en un sistema muy pequeño.

El sistema solar incluye al Sol y a todos los objetos que orbitan a su alrededor.

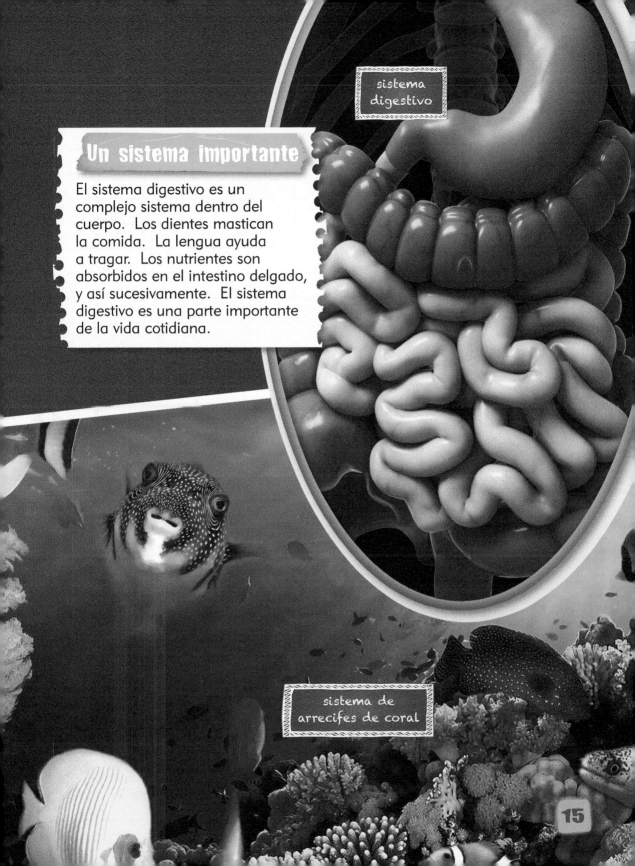

sistema
digestivo

Un sistema importante

El sistema digestivo es un complejo sistema dentro del cuerpo. Los dientes mastican la comida. La lengua ayuda a tragar. Los nutrientes son absorbidos en el intestino delgado, y así sucesivamente. El sistema digestivo es una parte importante de la vida cotidiana.

sistema de
arrecifes de coral

Supongamos que tienes hidrógeno puro y oxígeno puro contenidos en un sistema. Estos dos gases reaccionarán para producir agua.

Para ilustrar las reacciones, los científicos usan símbolos que representan sustancias químicas. H_2O es el símbolo químico del agua. Está compuesta por dos átomos de hidrógeno y un átomo de oxígeno. En este caso, la *H* es para el hidrógeno. El número *2* a su lado significa que son dos los átomos de hidrógeno. La *O* es para el oxígeno.

La siguiente ecuación muestra que si comienzas con dos átomos de hidrógeno y un átomo de oxígeno, estos se combinan para formar una molécula de agua, o H_2O. Aunque la reacción termina con solo una molécula, la masa se conserva porque el número de átomos no cambia. Si de alguna manera se pudieran pesar los átomos antes y después de su combinación, el peso sería el mismo. Así es como realmente funciona la ley de conservación de la masa. Toma en consideración la masa de los átomos. Como los átomos no aparecen y desaparecen mágicamente, la masa se conserva.

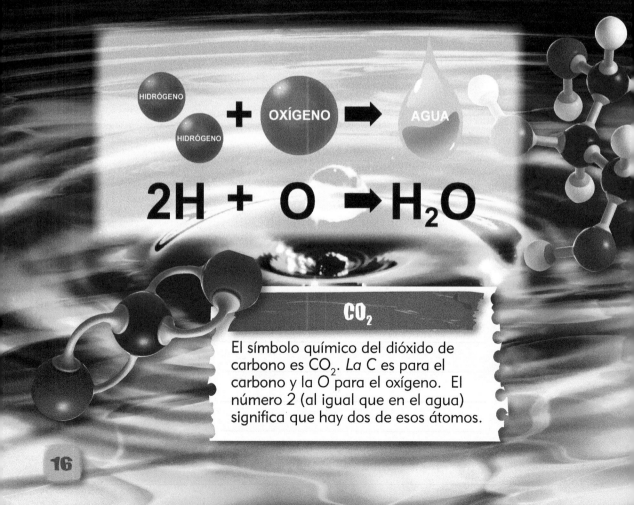

HIDRÓGENO

HIDRÓGENO

+ OXÍGENO ➡ AGUA

$$2H + O \rightarrow H_2O$$

CO_2

El símbolo químico del dióxido de carbono es CO_2. *La* C es para el carbono y la O para el oxígeno. El número 2 (al igual que en el agua) significa que hay dos de esos átomos.

¿Qué es una sustancia química?

Prácticamente todo es una sustancia química. Un químico es una sustancia que tiene su propia constitución de átomos. El agua está compuesta por hidrógeno y oxígeno. La sal está compuesta por sodio y cloro.

En materia de energía

Los científicos estudian la masa y el volumen de un objeto cuando este cambia, ya sea que se trate de un papel quemado o una banana que se pudre. Pero Albert Einstein descubrió que los productos también se manifiestan en otra forma: como energía. Al igual que la materia, la energía no puede ser creada ni destruida.

La teoría de la relatividad especial de Einstein muestra que la masa y la energía están relacionadas. La teoría se resume en esta fórmula: $E = mc^2$. Cada letra representa una palabra. *La E* representa *energía*, la *m* la *masa* y la *c* representa la *velocidad de la luz*. La ecuación se lee de esta manera: *La energía es igual a su masa multiplicada por la velocidad de la luz al cuadrado.* Significa que, entre más masa tenga un objeto, más energía contiene.

Einstein demostró que la materia se puede transformar en energía. Y la energía se puede transformar en materia. En cualquier reacción, la suma de la materia y la energía es constante. Ambas se equilibran y la suma es la misma cantidad. Por eso, cuando los científicos observan la masa y el volumen para estudiar los cambios en un objeto, de alguna manera, realmente están midiendo el modo en el que la energía de un objeto ha cambiado.

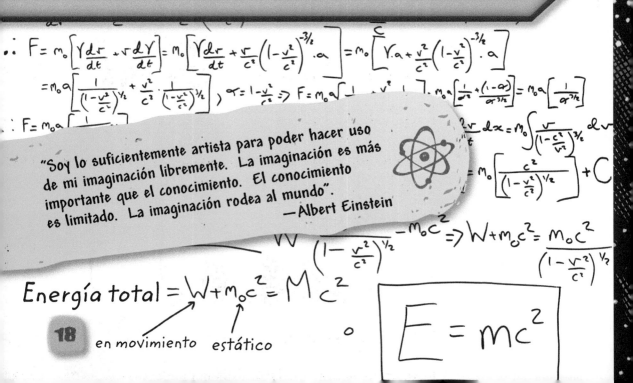

$$\therefore F = m_0\left[\gamma\frac{dr}{dt} + r\frac{d\gamma}{dt}\right] = m_0\left[\gamma\frac{dr}{dt} + \frac{r}{c^2}\left(1-\frac{v^2}{c^2}\right)^{-3/2}\cdot a\right] = m_0\left[\gamma\cdot a + \frac{v^2}{c^2}\left(1-\frac{v^2}{c^2}\right)^{-3/2}\cdot a\right]$$

$$= m_0 a\left[\frac{1}{\left(1-\frac{v^2}{c^2}\right)^{1/2}} + \frac{v^2}{c^2}\cdot\frac{1}{\left(1-\frac{v^2}{c^2}\right)^{3/2}}\right), \quad \gamma = 1-\frac{v^2}{c^2} \Rightarrow F = m_0 a\sqrt{1 \cdots}$$

$$\therefore F = m_0 a\left[\right.$$

"Soy lo suficientemente artista para poder hacer uso de mi imaginación libremente. La imaginación es más importante que el conocimiento. El conocimiento es limitado. La imaginación rodea al mundo".
—Albert Einstein

$$\frac{W}{\left(1-\frac{v^2}{c^2}\right)^{1/2}} - m_0 c^2 \Rightarrow W + m_0 c^2 = \frac{m_0 c^2}{\left(1-\frac{v^2}{c^2}\right)^{1/2}}$$

Energía total $= W + m_0 c^2 = Mc^2$

en movimiento   estático

$$o \qquad \boxed{E = mc^2}$$

La ciencia como prioridad

Einstein tenía 26 años cuando elaboró la teoría de la relatividad especial. Trabajaba seis días a la semana y tenía esposa y un hijo. Aunque era un hombre ocupado, dedicaba tiempo a la ciencia.

La historia de la ley

Hemos avanzado mucho en la comprensión de los átomos y de la ley de conservación de la masa.

Nuestra historia comienza en la antigua Grecia. Un filósofo, Demócrito, fue el primero en **formular una hipótesis** con respecto a que la materia está compuesta de pequeñas partículas. Observó que las rocas se pueden romper hasta formar pequeños granos de arena. Por eso pensó que toda la materia se podía separar en partículas más pequeñas. Creyó que, en cierto momento, se divide en algo tan pequeño que ya no puede separarse más. Llamó a estas partículas *átomos*. Eso significa "que no se puede cortar". Pero esta perspectiva fue, en general, ignorada por cientos de años.

A comienzos del siglo XIX, John Dalton tuvo varias ideas cruciales relacionadas con los átomos. Entre otras cosas, estableció que toda materia está constituida por átomos pequeños. También dijo que las mismas sustancias tienen el mismo tipo de átomo. Y dijo que, cuando las reacciones químicas se producen, los átomos se reordenan.

Aristóteles

Escepticismo

Aristóteles no estaba de acuerdo con Demócrito. Debido a que Aristóteles era popular en la comunidad en este período, las personas ignoraron la teoría de Demócrito.

Unos años antes, el químico francés Antoine Lavoisier demostró que la materia no podía crearse ni destruirse. Muchas personas habían creído en esta posibilidad, pero él fue el primero en experimentar para demostrarla. Calentaba objetos en contenedores de vidrio sellados. Descubrió que los contenedores tenían la misma masa antes y después de ser calentados. Esta verdad se mantenía incluso cuando el sólido en el contenedor cambiaba. Esto lo llevó a la conclusión de que el aire también tenía masa. La masa en el sistema del contenedor se conservaba. Él y su esposa Marie-Anne trabajaron mucho para que otros científicos aceptaran sus hallazgos.

El trabajo de estos científicos y pensadores condujo al entendimiento moderno de los átomos y de la conservación de la masa. Sabemos que la materia no puede ser creada ni destruida porque los átomos tienen masa. Cuando se producen las reacciones químicas, los átomos simplemente se reordenan. Al considerar también la teoría de Einstein, sabemos que la masa se puede transformar en energía. No desaparece, solo cambia de forma. Esta idea se convirtió en ley.

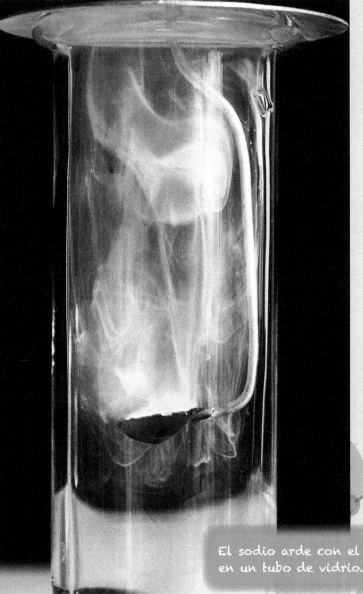

El sodio arde con el oxígeno en un tubo de vidrio.

Hoy en día, Antoine Lavoisier es denominado el padre de la química moderna.

Marie-Anne Lavoisier

Aunque la historia te diga que Marie-Anne Lavoisier apenas ayudó a su esposo en sus estudios científicos, el trabajo de ella es igual de importante. Ella tradujo para su esposo el trabajo de otros científicos y, con frecuencia, apuntaba sus errores. Mantuvo registros precisos y dibujos detallados de los experimentos que realizaron juntos. Incluso hizo que su esposo publicara los hallazgos en un libro que todavía se considera uno de los mejores libros de química escritos hasta la actualidad.

Palabras esenciales

Los científicos usan muchos términos para hablar de sus ideas. Pero es posible que signifiquen cosas diferentes a las que estás acostumbrado. Por ejemplo, es posible que tu amiga te diga que tiene una teoría acerca de por qué siempre pierde sus bolígrafos. Lo que quiere decir es que tiene una corazonada o una idea. Pero los científicos usan términos como *teoría* con mucho más cuidado. Una **hipótesis**, una teoría y una ley son todas cosas diferentes en la ciencia.

Una hipótesis es una idea muy bien elaborada. Es lo que un científico considera cierto según sus observaciones. Una hipótesis tiene que poder ser verificada. De esa manera, los científicos pueden hacer pruebas para decidir si aceptan la idea.

Una teoría es una idea científica con evidencia sólida que la respalda. Ha sido verificada una y otra vez, y sigue siendo cierta. Una teoría explica y hace predicciones acerca del mundo natural.

Una ley resume muchas observaciones. Pero no explica por qué suceden las cosas. La ley de conservación de la masa no explica por qué no podemos hacer desaparecer la materia. Solo dice que esto es cierto. Los científicos elaboran la ley para luego explicar el porqué.

A

THEORY

OF THE

WINDS,

Shewing by a

New *HYPOTHESIS*,

THE

PHYSICAL CAUSES

Of all WINDS in General:

With the Solution of all the VARIETY and
PHÆNOMENA thereof,

As it was read to the ROYAL SOCIETY.

By *BERNARD ANNELY*.

LONDON:

Printed for JER. BATLEY, at the *Dove*
in *Pater-noster Row*. 1729.

Nada es cierto

Una hipótesis, una teoría y una ley pueden ser refutadas si surgen nuevas evidencias. En la ciencia, nada se "comprueba" del todo. Lo que se puede decir es que hay evidencia sólida para dar soporte a la idea.

Copérnico

Refutar una teoría

En el pasado, se creía que la Tierra era el centro del universo. Las personas creían que el Sol giraba en torno a la Tierra. Sin embargo, esta teoría fue refutada por Copérnico.

Materia misteriosa

La materia no puede ser ni creada ni destruida. Es la ley de la conservación. Pero solo porque la masa se conserva no significa que permanece de la misma forma. Puede estar mezclada o cambiar de estado. Incluso puede combinarse con otras cosas durante una reacción química. No obstante, el número de átomos sigue siendo el mismo. La teoría de la relatividad especial de Einstein revela que la masa y la energía están relacionadas. La materia se puede transformar en energía y la energía en materia. Por lo tanto, aunque parece que la masa no se conserva, en realidad, solo cambia.

"Es imposible que algo llegue a ser de lo que de ninguna manera es, y que el ser sea aniquilado es imposible e inaudito".
—Empédocles

Entonces, la próxima vez que expreses el hecho de que no eres un mago que puede hacer aparecer comida de la nada, solo recuerda por qué. Nuestro mundo se rige por reglas y, sí, también por leyes. Pero, qué bueno. No querrías vivir en un mundo en el que nada tuviera sentido. Un mundo en donde todo estuviera al azar sería un mundo de temer. Así que alégrate de que las cosas no pueden aparecer de la nada.

Piensa como un científico

¿Qué pasa con la materia durante una reacción química? ¡Experimenta y averígualo!

Qué conseguir

- báscula de cocina
- bicarbonato de sodio
- botella de agua
- cucharas para medir
- embudo
- globo
- taza medidora
- vinagre

Qué hacer

1 Usa un embudo para verter dos cucharaditas de bicarbonato de sodio en el globo. Aparta el globo.

2 Enjuaga el embudo, luego úsalo para poner $\frac{1}{4}$ de taza de vinagre en la botella de agua. Retira el embudo y apártalo.

3 Coloca el globo alrededor de la boca de la botella de agua. Ten la precaución de no dejar caer el bicarbonato en el vinagre todavía.

4 Coloca la botella de agua con el globo en la báscula y registra el peso.

5 Levanta el globo para que el bicarbonato caiga dentro de la botella. ¿Qué ves? Coloca la botella y el globo en la báscula una vez más. Registra el peso. ¿Qué puedes observar?

Glosario

átomos: las partículas más pequeñas de una sustancia que pueden existir por sí mismas

cambio físico: un cambio que no produce una nueva sustancia

cambios químicos: cambios que producen una nueva sustancia

entorno: el mundo natural

formular una hipótesis: sugerir una idea para que sea probada

hipótesis: una idea que no está comprobada y necesita estudiarse más a fondo

ley: una regla científica que siempre aplica cada vez que se cumplen ciertas condiciones

masa: la cantidad de materia que contiene un objeto

materia: todo lo que tiene masa y ocupa lugar en el espacio

moléculas: la cantidad más pequeña posible de una sustancia determinada que tiene todas las características de la sustancia

producto: el resultado de una reacción química, que es químicamente diferente de sus reactivos

propiedades: cualidades o características especiales de algo

reactivo: una sustancia que cambia cuando se combina con otra en una reacción química

sistema: un grupo de partes relacionadas que se mueven o trabajan juntas

teoría: un resumen de una hipótesis que ha sido respaldada tras pruebas repetidas

teoría de la relatividad especial: teoría de Einstein que relaciona la energía con la masa

volumen: la cantidad de espacio que se llena con algo

Índice

¡TU TURNO!

Dulce conservación
de la masa

Realiza tu propio experimento para observar la conservación de la masa. Reúne los ingredientes para hacer galletas. Pesa y mide cada ingrediente de forma separada. Cuando esté combinada, pesa y mide la mezcla de las galletas. ¿Qué sucede con las medidas y los pesos cuando los comparas? ¿Hay un cambio físico o uno químico?